Méthode de français

ZigZag+

A1.2

Hélène Vanthier

CLE
INTERNATIONAL

Édition : Brigitte Faucard

Création maquette : Rony Turlet

Mise en page : Isabelle Vacher, Dagmar Stahringer

Illustrations : Paul Beaupère, Marcelo Benitez, Santiago Lorenzo

Couverture : Miz'enpage

Iconographie : Danièle Portaz

Photographie : Jean-Pierre Delagarde

Production sonore : Antoine David et Jean-Pascal Audiffren pour Fréquence Prod

Nous avons cherché en vain les auteurs et les ayants droit de certains documents reproduits dans ce livre. Leurs droits sont réservés aux éditions CLE International
© CLE International, 2018
ISBN : 978-209-038419-2

AVANT-PROPOS

ZigZag est une méthode d'apprentissage du français pour les enfants à partir de 7 ans. Elle propose une approche dynamique qui sollicite majoritairement le jeu et l'action, mais engage également l'activité réflexive du jeune apprenant. Avec Zigzag, les enfants découvrent, jouent, chantent, bougent, réfléchissent et interagissent pour réaliser des tâches d'apprentissage motivantes et mener à bien des projets concrets.

Les différentes compétences du CECR, écouter, comprendre, exprimer, interagir à l'oral et à l'écrit, y sont développées (niveau A1.2 pour Zigzag 2).

Sa conception claire et attrayante, ses personnages sympathiques et joyeux, ses thèmes adaptés aux goûts d'un jeune public font de leur apprentissage du français une expérience tonique et motivante !

Zigzag, c'est :

Une unité 0

6 unités d'apprentissage comprenant :

- Trois leçons d'une double-page. On trouve dans chaque leçon :
  – **un paysage sonore et visuel** qui plonge l'enfant dans l'univers du thème abordé et introduit les nouveaux éléments langagiers à travers une écoute active ;
  – **une activité de compréhension orale** qui permet à l'enfant d'apprendre à comprendre et à identifier dans un contexte différent les éléments langagiers introduits précédemment ;
  – **une activité de production orale guidée** qui met l'enfant en situation de produire les nouveaux éléments langagiers en interaction avec le professeur et avec ses camarades.
  – **une chanson**

  La leçon 2 propose aussi **La boîte à sons de Pic Pic le hérisson** qui invite les enfants à découvrir la « musique » du français et prépare à la mise en relation phonie-graphie développée dans le cahier d'activités.

  La leçon 3 propose aussi **La boîte à outils de Pirouette la chouette** qui invite les enfants à une observation réfléchie et à une première structuration de la langue. Elle porte sur des faits de langue rencontrés en cours d'unité.

- Une page BD qui reprend avec humour les éléments langagiers introduits dans l'unité.
- Une page Projet qui permet, à travers la réalisation d'une tâche collaborative et motivante le réinvestissement et l'intégration des compétences développées.
- Jours de fête pour les enfants : à la fin du livre de l'élève ZigZag propose une découverte active et ludique des jours de fêtes qui jalonnent la vie d'un enfant français au cours d'une année. ZigZag 2 s'intéresse aux fêtes de mai à août.

Les « plus » de cette nouvelle édition

6 double-pages « Découvertes » et « la vidéo de Félix »

- Le blog de Félix ouvre l'enfant sur la diversité des cultures et des paysages francophones et l'invite à comparer son expérience avec le mode de vie d'autres enfants dans le monde.
- Je découvre avec Félix propose à l'enfant un éveil au monde qui l'entoure à travers des activités de découvertes interdisciplinaires.
- La vidéo de Félix clôt chaque unité en proposant une rencontre avec de « vrais » enfants francophones. Elle permet aux jeunes apprenants de développer des stratégies de compréhension et de réutiliser des éléments de langue découverts en cours d'unité.
- Une double-page « Les jeux du club Zigzag » : à mi-parcours, le Club Zigzag propose des jeux pour mettre en action et réactiver le langage déjà appris.
- Une version numérique du livre de l'élève et du cahier entièrement interactive.

ZigZag vous souhaite... de jolies découvertes !

LEÇON 1 : TUT, TUT ! NOUS VOILÀ !

1  Qui parle ? Écoute et montre.

2    Qui est-ce ? Écoute et devine.

UNITÉ 0 ~ En route, les amis !

3  Observe les dessins et nomme les 7 différences.

4  L'interview de Félix. Écoute et réponds.

5  À toi ! Interviewe tes camarades !

5

LEÇON 2 — EN BUS, EN TRAIN, À PIED OU... EN MÉTRO ?

1  Écoute et montre la bonne image.

2  Écoute et montre la bonne photo.

Vous allez à l'école comment ?

3  Et toi, tu vas à l'école comment ?

UNITÉ 0 En route, les amis !

4  Tu pars en voyage. Qu'est-ce que tu mets dans ta valise ?

« Dans ma valise, je mets un pyjama, des…. »

« Mais je ne mets pas de cahiers, pas de… »

5  Chante avec Tilou !

J'aime voyager en taxi
Quand je vais jusqu'à Paris,
À Paris, en taxi
J'aime voyager en voiture
Quand je vais jusqu'à Namur,
À Namur, en voiture

Refrain
Mais pour faire le tour de la terre,
Je prends mon balai de sorcière
Du Japon à l'Angleterre,
Je chante la formule magique
Saucisson camembert !

LEÇON 1 — UN MESSAGE DE RITA

1 🎧 8 **Lis et écoute.**

Date : lundi 4 juillet
De : rita@zigzag.be
À : bouba@zigzag.fr
Objet : mon anniversaire !

Ma chère Bouba,
C'est mon anniversaire dimanche prochain !
Je t'invite à Bruxelles avec tes amis Félix, Lila, Tilou,
Pic Pic et Pirouette.
À bientôt ! Bisous !
                                    Rita

2 🎧 9 🔍 **Écoute Félix et montre sur la carte de l'Europe à la fin du livre.**

Où est Bruxelles ?
En Belgique !
En Espagne !
Où est Madrid ?
Et Lisbonne, c'est où ?
C'est au Portugal !

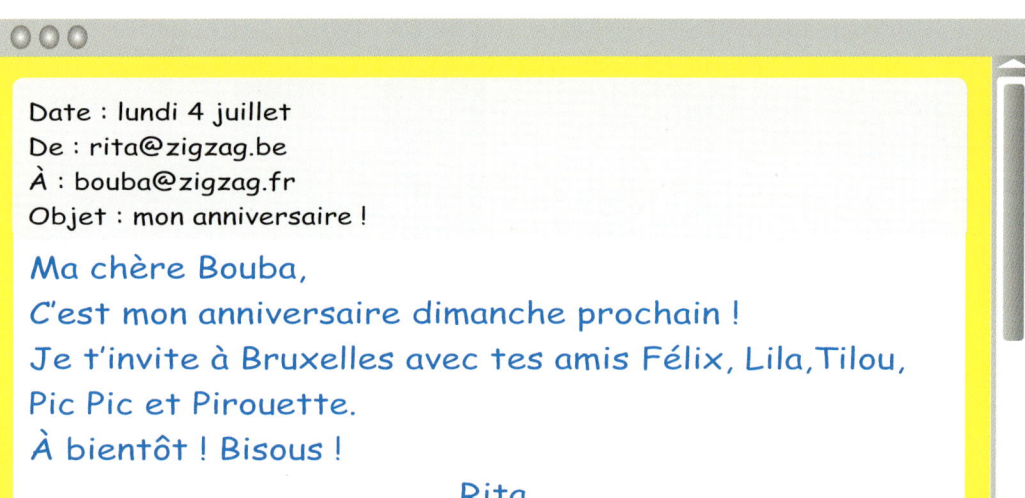

3  **Super Quiz de l'Europe ! Écoute et joue avec tes camarades !**

8

UNITÉ 1 ~ On part à Bruxelles !

4   La semaine de Tilou.
Écoute, associe à la bonne image et dis.

a.

b.

c.

d.

lundi

mardi

mercredi

jeudi

vendredi

samedi

dimanche

e.

f.

g.

5  Chante avec Tilou !

Il y a combien de jours dans la semaine ?
1, 2, 1, 2, 3
4, 5, 1, 2, 3, 4, 5
6, 7, 1, 2, 3, 4, 5, 6, 7
Lundi, mardi, mercredi, jeudi, vendredi, samedi,
Et enfin dimanche
Et puis ça recommence !

9

LEÇON 2 — TU AS LES YEUX BLEUS ?

1 Écoute et montre.

2 Écoute et montre la bonne photo.

1

2

3

4

5

LEÇON 3 — QUEL CADEAU POUR RITA ?

1   Écoute et montre.

2   Bingo ! Joue avec tes camarades.

12

UNITÉ **1** On part à Bruxelles !

3 🎧 🔍 🗣 Écoute, observe et complète.

Pour mon anniversaire, je voudrais un chapeau vert, un petit vélo bleu, un éléphant rose, un....

Moi, je voudrais une casquette verte, une petite trottinette bleue, une jupe rose, une...

Pour t'aider !

Masculin	Féminin
vert	verte
gris	grise
bleu	bleue
violet	violette
rouge	rouge
rose	rose
petit	petite
grand	grande

La boîte à outils de Pirouette la chouette

4 🎧 🎤 Chante avec Tilou !

Je mets dans ma valise
Trois ou quatre chemises,
Mon short rose, ma casquette
Et mes petites lunettes,
Mon pyjama, mon chapeau vert,
La photo de mon grand-père
Et des chaussettes jaunes et bleues à petits pois.

Je mets dans ma valise
Ma grande cravate grise,
Mon manteau, mon bonnet,
Mon livre de français,
Ma tortue verte et mon chat gris,
La photo de ma mamie
Et des chaussettes jaunes et bleues à petits pois.

1 🎧 20 **Lis et écoute.** **2** 🎧 21 **Donne le bon numéro.**

BD

14

Projet

MONSTRES, SORCIÈRES ET FÉES !

1. CRÉE TON PERSONNAGE !

a. Dessine.   **b.** Découpe.   **c.** Colle.

2. COMPLÈTE LA FICHE D'IDENTITÉ DE TON PERSONNAGE !

Prénom : Aglaé
Yeux : noirs
Cheveux : violets
Signes particuliers : une dent verte, une voiture rose
Activité préférée : préparer des soupes

3. AFFICHE TON POSTER DANS LA CLASSE AVEC CEUX DE TES CAMARADES !

4. JOUE ! PRÉSENTE TON PERSONNAGE. TES CAMARADES MONTRENT LE BON POSTER !

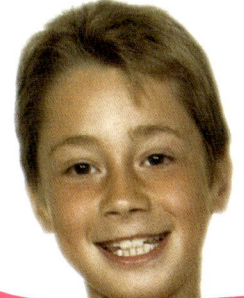   

Elle s'appelle Aglaé. Elle a les yeux noirs, les cheveux violets et une dent verte. Elle a une voiture rose... Elle aime préparer des soupes !

Le blog de Félix

Salut les amis ! Voici des photos de notre voyage à Bruxelles.

Mes amis	Mes voyages	Mes jeux	Mes recettes	Mes dessins

Mes voyages

1
Là, c'est le marché aux fleurs sur la Grand Place. Il y a des très vieilles maisons !

2
Voici une statue très connue à Bruxelles ! Ce petit garçon s'appelle le Manneken Pis. Regarde bien… Il fait pipi !

3
Tu connais Tintin et son petit chien Milou ? Ils sont belges ! La Belgique, c'est le pays de la BD. Il y a un très beau musée de la BD à Bruxelles.

4

En Belgique, fais attention à ton régime ! Les frites et les gaufres sont très bonnes, le chocolat est délicieux !

---

1  À toi de jouer !

1. Que peux-tu voir sur la Grand Place à Bruxelles ? **2.** Que fait le Manneken Pis ?
3. Qui est Milou ? **4.** Nomme trois spécialités belges.

2  Apporte en classe des photos ou des cartes postales de ta ville. Présente les endroits que tu aimes !

La vidéo de Félix

1   Regarde la vidéo de Félix et dis.

a. La famille part …

| à Berlin ? | à Paris ? | à Madrid ? | à Bruxelles ? | à Rome ? |

b. C'est l'anniversaire …

| du papi de Théo ? | de la mamie de Théo ? | de la sœur de Théo ? | de Théo ? |

c. Vrai ou faux ? Dans le coffre de la voiture, il y a …

 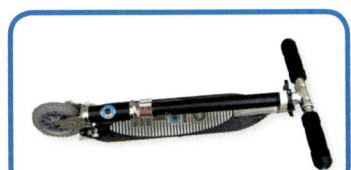 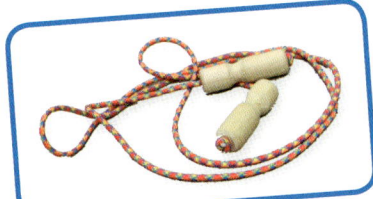

2 Remets les paroles dans l'ordre et joue avec 2 camarades.

a. Le pique-nique ! Mais… il est où le panier ?

b. Papa ! Papa ! J'ai faim ! On mange ?

c. Oh non !

d. Oh oui, on mange ! Oui, chouette, le pique-nique !

e. D'accord les enfants !

17

LEÇON 1

LA MAISON DE RITA

1  Écoute le reportage de Félix et montre.

UNITÉ 2 ~ Quelques jours chez Rita

2 Quel bazar ! Observe et range chaque objet dans la bonne pièce.

3  Chante avec Tilou !

Il était un petit homme
Pirouette cacahuète,
Il était un petit homme
Qui avait une drôle de maison,
Qui avait une drôle de maison.
La maison est en carton
Pirouette cacahuète,
La maison est en carton,
Les escaliers sont en papier,
Les escaliers sont en papier.
Si vous voulez y monter
Pirouette cacahuète,
Si vous voulez y monter,
Vous vous casserez le bout du nez,
Vous vous casserez le bout du nez.

LEÇON 2 — JOYEUX ANNIVERSAIRE !

1   Écoute et montre.

2  Écoute et donne le bon numéro !

UNITÉ **2** Quelques jours chez Rita

3  Complète les séries avec ton voisin ou ta voisine.

La boîte à sons de Pic Pic le hérisson

LEÇON 3
BOUBA RACONTE UNE HISTOIRE !

1   Observe et retrouve l'ordre des images, puis écoute l'histoire de Bouba.

  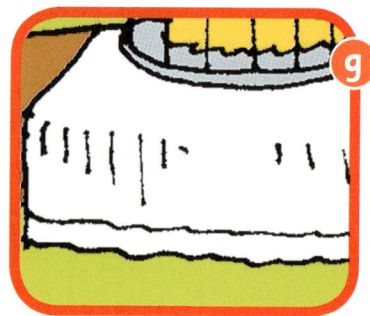

2  Raconte l'histoire avec tes camarades !

22

UNITÉ 2 Quelques jours chez Rita

3  Observe et complète avec ce, cette, cet.

Dans Paris, il y a une  . Dans .... rue, il y a une . Dans .... maison, il y a un  . En haut de ...... escalier, il y a une  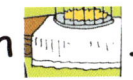. Dans .... chambre, il y a une . Sur .... table, il y a un . Sur ...... tapis, il y a une  . Dans .... cage, il y a un . Dans ...... nid, il y a un  . Dans ...... œuf, il y a un  .

4 Lis, choisis la bonne image et complète.

Je voudrais ce ....

J'aime beaucoup cette ....

Ce .... s'appelle Pacha.

Cet .... est très gros !

La boîte à outils de Pirouette la chouette

5 🎧 28 🎤 Chante avec Tilou !

La souris entre sans bruit,
Dans ma chambre, elle est si grande.
La souris entre sans bruit,
Dans ma chambre et dans mon lit.

Le petit chat y entre aussi...
Le gros chien y entre aussi...
Le canard y entre aussi...
L'éléphant y entre aussi...
Et moi, je dors sur le tapis !

23

1 Lis et écoute. **2** Donne le bon numéro.

Projet

UNE HISTOIRE "ZOOM"

1. EN GROUPE, ÉCRIVEZ AVEC UNE HISTOIRE « ZOOM », COMME L'HISTOIRE DE BOUBA.

a. Notez 11 lieux ou objets.

une ville
une table
un jardin
un château
une cuisine
une porte
un panier
un lapin

b. Rangez-les pour construire une histoire « zoom ».

- une ville
- un jardin
- un château
- une porte

c. Écrivez 10 phrases qui « s'emboîtent ».

Dans notre ville, il y a un jardin.

Dans ce jardin, il y a un château.

Devant ce château, il y a une porte.

Derrière cette porte, il y a u

2. DESSINEZ ET COLORIEZ LES ILLUSTRATIONS DE VOTRE HISTOIRE.

3. PRÉSENTEZ VOTRE HISTOIRE « ZOOM » À VOS CAMARADES !

Dans ce jardin, il y a un château...

Devant ce château, il y a une porte...

Je découvre avec Félix

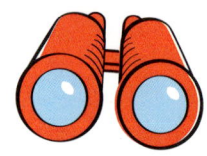

1   Un petit voyage en Europe !

a. Lis, écoute et associe.

1

2

3

4

a. Je penche… mais je ne tombe pas ! Je suis la Tour de Pise, en Italie !

b. Je suis très haute : je mesure 320 mètres ! Je suis… la Tour Eiffel, à Paris !

c. Je suis un très vieux temple sur une colline à Athènes, en Grèce. Je suis le Parthénon.

d. Je suis une cloche et j'habite dans une tour du Palais de Westminster, à Londres. Mon nom est Big Ben.

b. Retrouve ces monuments sur la carte à la fin du livre.

2   Quelle est la maison de Pierre, de Clément et de Léna ?

1

2

3

J'habite dans un appartement à Bordeaux.

J'habite dans un chalet à Chamonix, dans les Alpes.

J'habite sur une péniche, sur la Seine.

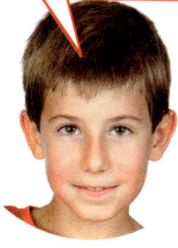
Pierre

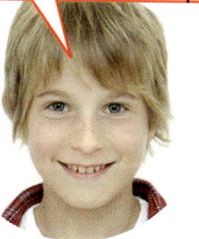
Clément

Léna

26

La vidéo de Félix

1  Regarde la vidéo de Félix et dis.

a. Alice et Elliot cherchent …

| un chat | un chien | un lapin | un oiseau | un poisson rouge |

b. Il s'appelle …

| Tinou | Ninou | Pilou | Minou |

2  Remets dans l'ordre. Alice et Elliot cherchent dans …

3 L'animal est caché …

a. en haut de l'armoire, dans la salle de bains.

b. sur la table, dans la cuisine.

c. sous un lit, dans la chambre.

d. sous un tapis, en haut de l'escalier.

27

LEÇON 1
DEBOUT, IL EST SEPT HEURES !

1   Félix se réveille. Écoute et montre la bonne image.

2 Quelle heure est-il ? Écoute et montre la bonne pendule.

28

UNITÉ 3 ~ Une journée au bord de la mer !

3 🎧 34 La matinée de Rita. Écoute et remets dans l'ordre.

4 Avec ton voisin ou ta voisine, raconte la matinée de Rita.

– Elle se lève à quelle heure ?
– À sept heures ?

5 🎧 35 🎤 Chante la comptine avec Tilou !

– Quelle heure est-il
mon cher Basile ?
– Midi vingt-sept
ma chère Juliette !
– En es-tu sûr
mon cher Arthur ?
– Sûr et certain
parce que j'ai faim !

29

LEÇON 2 — UN ORAGE SUR LA PLAGE...

1 Écoute le reportage de Félix et montre.

2  Quel temps fait-il ? Écoute et associe au bon dessin, puis dis.

UNITÉ **3** Une journée au bord de la mer !

3  🎧 38 L'incroyable histoire du Petit Chaperon Vert !
Retrouve l'ordre de l'histoire, écoute pour vérifier.

4  Raconte l'histoire du Petit Chaperon Vert. Que fait-elle ?
À quelle heure ?

La boîte à sons de Pic Pic le hérisson

31

LEÇON 3 — J'AI FROID !

1 Écoute et montre le bon dessin.

2 Le mémo de Lila ! Associe les cartes et joue avec tes camarades.

Si tu as froid, … mets un tee-shirt !

32

UNITÉ 3 Une journée au bord de la mer !

3. Observe et écoute. Qu'est-ce que tu n'entends pas ?

Je **me** réveill**e**.
Tu **te** réveill**es** ?
Elle **se** réveill**e**.
Ils **se** réveill**ent**.

4. À toi ! Complète les bulles !

Tu .... ?
Je ....

La boîte à outils de Pirouette la chouette

5. Chante le rap avec Tilou !

Si tu trottes dans la boue,
Mets tes bottes, mets tes bottes,
Si tu trottes dans la boue,
Mets tes bottes en caoutchouc !
Flic flac floc
Sous mes bottes,
Sous mes bottes
Flic flac floc,
Sous mes bottes,
Il y a un p'tit trou !

BD

1 Lis et écoute. **2** Donne le bon numéro.

♪ Promenons-nous dans les bois ♪
Loup y es-tu ? Que fais-tu ?
1

JE ME LÈVE !
2

Ah ah, tu te lèves ! Tu ouvres tes jolis petits yeux !
Et... Qu'est-ce que tu fais maintenant ?
3

JE PRENDS MA DOUCHE !
4

Oui, c'est ça ! Lave-toi bien les oreilles...
Et entre les orteils !
5

JE M'HABILLE !
6

Monsieur met son caleçon à petits cœurs ?
Et ses chaussettes à petits pois ?!
7

JE SORS !
8

ET... JE PRENDS MON PETIT-DÉJEUNER... J'AI FAIM CE MATIN !
Non !
J'ai trop peur !
9

Projet

MA JOURNÉE AVEC MON HÉROS PRÉFÉRÉ !

1. COMPLÈTE TA FICHE SCÉNARIO.

Qui est ton héros ? Qu'est-ce que tu fais ? Où ? À quelle heure ? Quel temps fait-il ?

🕐	Je pars avec Batman dans sa Batmobile.	devant la maison	Il y...
🕛	Je joue au foot avec Batman.	au stade	

2. FABRIQUE TA BD.

a. Dessine et colorie les vignettes.

b. Fais parler tes personnages.

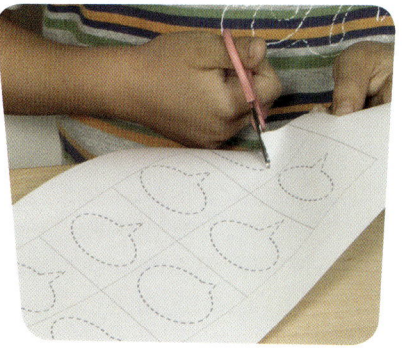

3. PRÉSENTE TA BD À TA CLASSE !

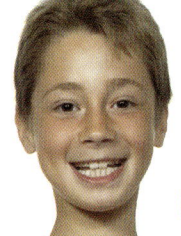

Ma journée avec Batman ! Je me lève à sept heures, je ...

35

Le blog de Félix

Salut ! Lis les messages de mes amis.

 Mes amis |  Mes voyages |  Mes jeux |  Mes recettes |  Mes dessins

Mes amis

Salut Félix,
J'ai 9 ans et j'habite en Suisse, à Genève.
Je t'envoie une photo de ma ville. Sur la photo, ce n'est pas la mer, c'est le lac Léman ! Viens à Genève !
En Suisse aussi le chocolat est super bon !

Valentin

Bonjour Félix,
J'habite à Casablanca. C'est une grande ville au Maroc, au bord de l'océan Atlantique.
Le dimanche, je vais à la plage avec ma famille.
Ici, sur la photo, je suis avec ma petite sœur Zora.
Gros Bisous

Leïla

Coucou Félix,
Je suis en Corse chez ma mamie. Elle habite à Bastia. Tu connais la Corse ? C'est une île dans la mer Méditerranée (en France). Il y a la mer et la montagne, c'est super beau !

Hugo

1  À toi de jouer !
a. Qui écrit à Félix ?
b. Où habitent les amis de Félix ? Situe les trois villes sur la carte à la fin du livre.

2  Recherche avec tes camarades et ton professeur des photos de ces trois villes sur Internet.

36

La vidéo de Félix

1 Regarde la vidéo de Félix et remets les objets dans l'ordre.

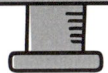

a.

b.

c.

d.

2 Remets les phrases dans l'ordre.

a. Je vais à l'école !

b. Je me brosse les dents.

c. Je vais au lit !

d. Je prends mon petit déjeuner !

e. Je me lève et j'ai faim !

3 Voici 2 nouveaux objets. Joue avec tes camarades comme dans la vidéo de Félix !

37

Les jeux du Club Zigzag

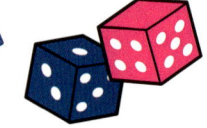

1 BINGO des actions ! Joue avec tes camarades.

2 SUDOKU de la météo !

a. Complète la grille avec ton voisin ou ta voisine.

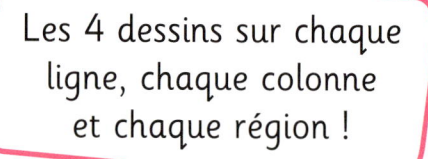

Les 4 dessins sur chaque ligne, chaque colonne et chaque région !

b. Comparez votre résultat avec le résultat de la classe.

3 Joue au jeu de l'oie avec deux camarades.

- Qu'est-ce qu'elle fait ?
- Tu préfères voyager en train ou en voiture ?
- Cite les 7 jours de la semaine !
- Qu'est-ce que tu prends au petit-déjeuner ?
- Quel temps fait-il ?
- Le matin, tu te lèves à quelle heure ?
- Tu as gagné !
- ARRIVÉE
- Qu'est-ce qu'il fait ?
- Tu as les yeux de quelle couleur ?
- Paris est … France.
- ATTENDS UN TOUR !
- Où sont Lila et Tilou ?
- +2 AVANCE DE 2 CASES !
- Où habite Rita ?
- Trouve l'intrus : un avion – un vélo – un escalier – une voiture.
- Cite 5 mots avec [ø] comme dans
- Tu vas à l'école comment ?
- Quelle heure est-il ?
- Cite 4 pièces de la maison !
- Quel temps fait-il ?
- Tu as des frères et sœurs ?
- Où est le chat ?
- Qu'est-ce que c'est ?
- Dis la comptine *Quelle heure est-il ?*
- DÉPART

LEÇON 1 — OÙ EST LA GARE ?

1 🎧 🔍 Écoute et montre le chemin.

UNITÉ **4** ~ Tous en ville !

2 Écoute et montre la bonne image.

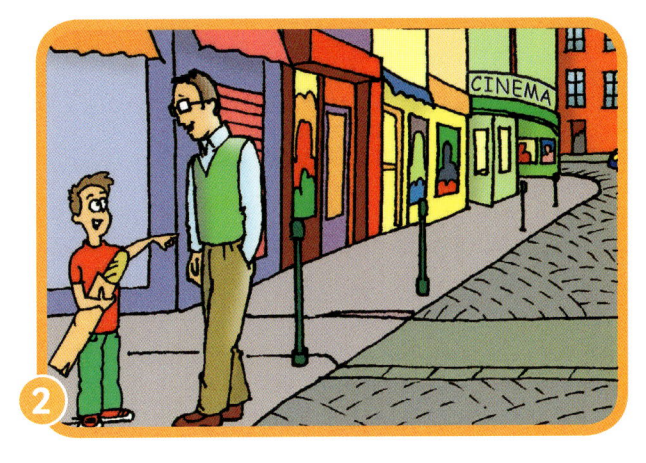

3 Joue les petites scènes avec tes camarades.

4 Chante avec Tilou !

Pardon monsieur,
Excusez-moi,
Je cherche la gare,
Je ne la trouve pas !

Allez tout droit,
Ne tournez pas,
Au coin de la rue
Arrêtez-vous !
Regardez à gauche,
Regardez à droite,
Puis traversez
Et continuez !

Pardon monsieur,
Excusez-moi,
Qu'est-ce que vous dites ?
Je ne comprends pas !

Au revoir monsieur,
J'ai tout compris,
C'est très gentil,
Je vous remercie !

41

LEÇON 2 — GRAND JEU DE PISTE !

1 Écoute et participe au jeu de piste avec Félix et ses amis !

42

UNITÉ 4 Tous en ville !

2 Qu'est-ce qui est dangereux ? Observe et dis, puis écoute pour vérifier.

3 Que mets-tu dans la maison du [s] de la sorcière et dans la maison du [z] de Zorro ? Écoute et dis.

La boîte à sons de Pic Pic le hérisson

43

LEÇON 3 — VOUS HABITEZ OÙ ?

1 🎧 7 Ils habitent où ? Écoute et montre, puis dis.

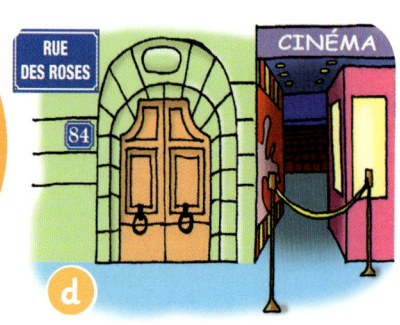

a. RUE DES ROSES 68 70
b. AVENUE D'ITALIE 73
c. AVENUE D'ITALIE 96
d. RUE DES ROSES 84 — CINÉMA

2 🎧 8 Écoute et suis le chemin. Tu arrives où ?

Départ	15	63	82	Cinéma
44	75	36	48	LIBRAIRIE
18	81	100	96	MUSÉE
71	16	91	19	PHARMACIE

44

UNITÉ 4 Tous en ville !

3 Tu ou Vous ? Écoute et associe, puis complète les bulles.

....

....

....

....

1

2

3

4

4 Observe et dis. Quand dit-on Tu ? Quand dit-on Vous ?

La boîte à outils de Pirouette la chouette

5 Chante avec Tilou !

Tu fais le zigoto !
Tu zigzagues à vélo,
Tu veux jouer les héros,
Tu te prends pour Zorro ?

Tu fonces à cent à l'heure,
Quand t'es sur tes rollers,
Tu traverses la place,
Il n'y a que toi, tu passes !

Tu n'es pas une fusée,
Si tu veux t'amuser,
Fais un peu attention,
Respecte les piétons !

45

BD

1 🎧 **Lis et écoute.**   **2** 🎧 **Donne le bon numéro.**

1. — Pardon monsieur, le musée, s'il vous plaît ?
— Vous allez tout droit. C'est au bout de la rue.

2. — Tu veux aller au musée, toi ?
— Moi... Bof !

3. — On fait du roller sur l'escalier ?
— Oh oui, d'accord !

4. — Waouh ! Et un super zigzag !
— Hé mais, faites attention !

5. — Mais, qu'est-ce que vous faites ? C'est dangereux !
— Aaaah !!

6. — Aïe aïe aïe ! J'ai mal à la jambe !
— Il y a une pharmacie au coin de la rue !

7. — Voilà des pansements !

8. — Aïe ! Ouille ! Ça pique !
— Ah non, ne fais pas le bébé !

46

Projet

VOICI MA RUE !

1. FABRIQUE TON POSTER.

a. Dessine ta rue ou ton quartier.

b. Numérote et légende les maisons.

c. Dessine des habitants (ou des copains) de ton quartier.

2. ÉCRIS UN PETIT TEXTE POUR PRÉSENTER TON QUARTIER ET SES HABITANTS.

> J'habite 17 rue de la Gare.
> Au bout de la rue, il y a un parc.
> Je joue au foot dans le parc
> avec mon papa et mon copain Mattéo.

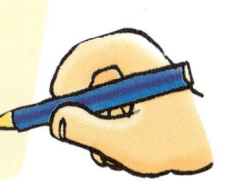

3. PRÉSENTE TA RUE OU TON QUARTIER À LA CLASSE.

> J'habite 63, rue de la Tour. Dans ma rue, il y a un cinéma et une boulangerie....

Je découvre avec Félix

1 🎧 13 Tu connais ces panneaux ? Écoute et associe.

2 🎧 14 Écoute les bruits de la ville et associe.

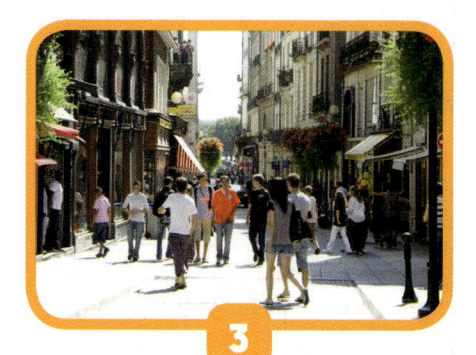

La vidéo de Félix

1 Regarde la vidéo de Félix. Elliot a rendez-vous avec …

Léo   Lisa   Louis   Alice

2 Elliot cherche la …

3 Trouve le chemin d'Elliot.

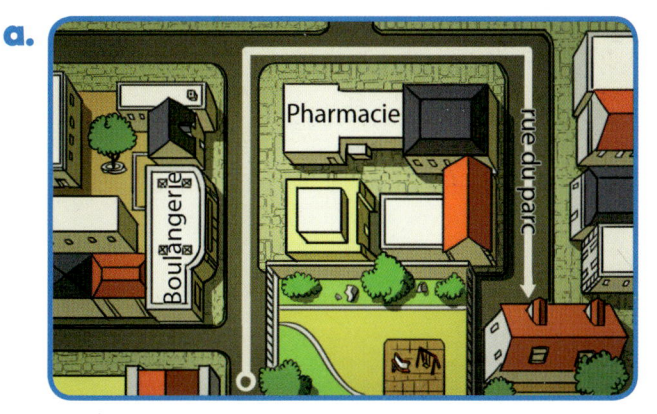

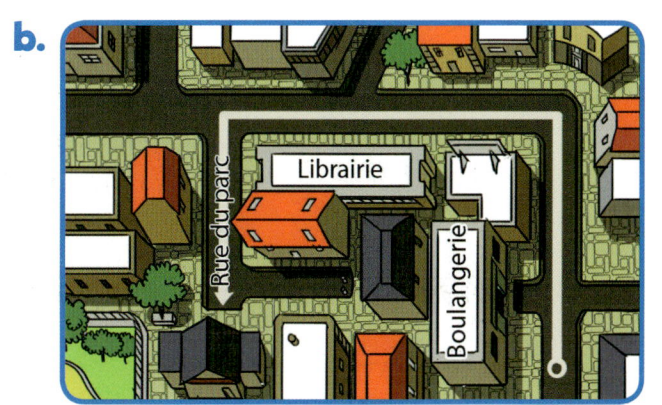

a.

b.

49

LEÇON 1 — UN BON PETIT-DÉJEUNER !

1 Écoute et montre la bonne image.

2 L'interview de Félix. Écoute et associe.

50

UNITÉ 5 ~ Bon appétit !

3 Complète le sudoku du petit-déjeuner avec tes camarades !

4 Chante avec Tilou !

Bonjour, tout va bien,
Je viens juste de me réveiller,
Je prends mon petit-déjeuner
Comme tous les matins !

Je prends un bol de lait
Avec trois ou quatre tartines,
Je mets du beurre dessus,
De la confiture qui dégouline.

Moi je trempe mes croissants
Dans mon bol de chocolat chaud,
Je fais des bulles dedans
Et je trouve ça très rigolo.

Elle prend un bol de lait
Avec trois ou quatre tartines,
Elle met du beurre dessus,
De la confiture qui dégouline.

Il trempe ses croissants
Dans son bol de chocolat chaud,
Il fait des bulles dedans
Et il trouve ça très rigolo.

LEÇON 2 — SUPER ! ON VA FAIRE UN GÂTEAU AU YAOURT !

1 🎧 18 Écoute et choisis les ingrédients pour le gâteau.

2 🎧 19 Mets les étapes de la recette dans l'ordre, puis écoute pour vérifier.

a. b. c. d.

e. f. g. h.

52

UNITÉ 5 Bon appétit !

3 Dans quels magasins vont-ils faire les courses ? Écoute et dis.

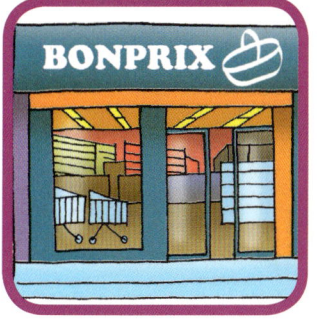

Liste des courses :
- du lait
- 3 steaks
- du beurre
- 2 baguettes
- des yaourts
- de la farine
- des pommes
- du jus d'orange
- des carottes
- du chocolat
- un poulet

4 Qu'est-ce que tu mets dans la maison du [ʃ] de 🍫 et dans la maison du [ʒ] de 🍊. Écoute et dis.

1.
2.
3.
4.
5.
6.
7.
8.
9.
10.

La boîte à sons de Pic Pic le hérisson

53

LEÇON 3 — ÇA FAIT COMBIEN ?

1 Écoute et associe chaque ticket de caisse au bon dialogue.

Ticket 1
```
        AU BON PAIN
     6  PLACE DU MARCHÉ
       25000 BESANÇON

2 BAGUETTES              € 1.80
1 PAIN AU CHOCOLAT       € 1.20

TOTAL                    € 3.00

     MERCI   À BIENTÔT
```

Ticket 2
```
       BOUCHERIE JOSEPH
      91  RUE DE L'ÉCOLE
         21000 DIJON

KG 0,350 BEEFSTEAK       € 5.92
KG 1,125 POULET          € 7.28

TOTAL                    €13.20
```

Ticket 3
```
     SUPERMARCHÉ BONPRIX
     101, AVENUE D'ITALIE
         75013 PARIS

4 YAOURTS                € 1.80
1 BEURRE                 € 1.61
1 CHOCOLAT AU LAIT       € 1.28
1 FARINE                 € 1.27

TOTAL                    € 5.96
```

Ticket 4
```
       FRUITS ET LÉGUMES
        3  RUE DU PARC
          69006 LYON

KG 1,000 CAROTTES        € 0.99
KG 1,010 POMMES          € 1.85

TOTAL                    € 2.84

        BONNE JOURNÉE
```

2 Tilou a 5 euros. Qu'est-ce qu'il peut acheter à la boulangerie ?

BAGUETTE 0,90 €
CROISSANT 0,80 €
PAIN AU CHOCOLAT 1,20 €
SUCETTE 1 €
3,10 €
13,80 €
22,50 €

UNITÉ **5** Bon appétit !

3 Observe et dis. Qu'est-ce qu'ils vont faire ?

Je vais faire mes devoirs.

Nous allons visiter ce château.

4 Et toi, qu'est-ce que tu vas faire ce soir ?

Je vais faire du roller.
Tu vas regarder la télé.
On/Il/Elle va manger.
Nous allons jouer aux billes.
Vous allez aller au cinéma.
Ils vont prendre une douche.

La boîte à outils de Pirouette la chouette

5 23 Chante avec Tilou !

Le chocolat

J'ai un trou dans la dent,
T'as un trou dans la dent,
Nous avons un trou dans la dent.

Car nous aimons le choccc...
Car nous aimons le chocolat,
Nous aimons trop le choccc...
Nous aimons trop le chocolat.

J'ai mal à l'estomac,
T'as mal à l'estomac,
Nous avons mal à l'estomac.

Je n'ai plus d'appétit,
Tu n'as plus d'appétit,
Et nous n'avons plus d'appétit.

J'ai un trou dans la dent,
J'ai mal à l'estomac,
Et nous n'avons plus d'appétit.

Henri Dès

55

BD

1 🎧 24 **Lis et écoute.** **2** 🎧 25 **Donne le bon numéro.**

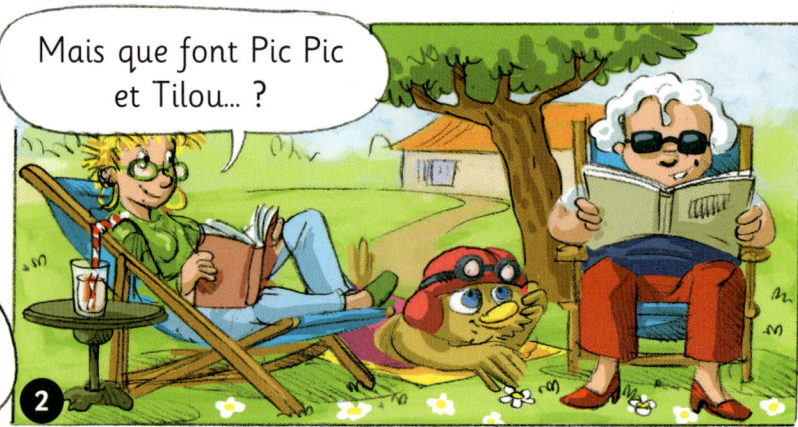

1. — Ah ah, Je vais gagner !
— Non, mon petit Félix... Je vais gagner !

2. — Mais que font Pic Pic et Tilou... ?

3. — Ils vont avoir une belle surprise !
— Ils vont être très contents !

4. — Pstt ! Regardez !

5. — Beurk ! C'est dégoûtant !
— Miam ! Ça va être super bon !

6. — QUI VEUT UN MORCEAU DE GÂTEAU ?
— Merci, mais je vais ranger ma chambre !
— Merci, c'est gentil, mais je n'ai pas très faim !
— Merci Tilou, le gâteau, ce n'est pas bon pour mon régime !

56

Projet

ON FAIT LES COURSES !

1. EN PETITS GROUPES, PRÉPAREZ VOTRE STAND.

a. Dessinez votre enseigne.

b. Découpez vos marchandises et collez-les sur du carton.

c. Fabriquez vos étiquettes de prix.

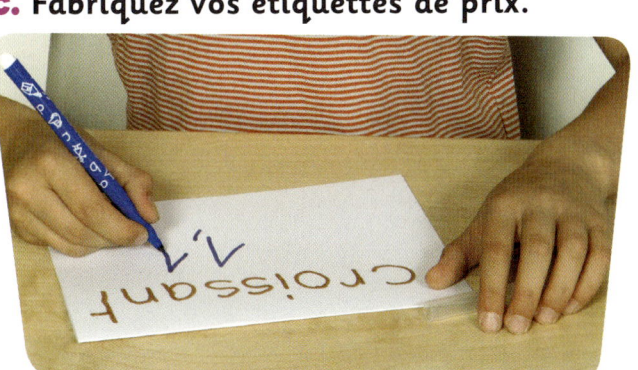

d. Découpez vos euros.

2. FAITES VOS COURSES !

« Je voudrais une baguette et un croissant, s'il vous plaît ! »

« 3 euros 80, s'il vous plaît ! »

« Ça fait combien ? »

Le blog de Félix

Salut les amis !
Les petits déjeuners dans le monde sont tous différents ! C'est super intéressant !

Mes amis | **Mes voyages** | **Mes jeux** | **Mes recettes** | **Mes dessins**

Mes amis

Salut Félix,
J'ai 9 ans et j'habite au Mexique.
Le matin, au petit-déjeuner, mes parents mangent des haricots rouges, des œufs et des tortillas. Moi, je préfère les céréales !
Et toi, qu'est-ce que tu manges en France au petit-déjeuner ?
Marco.

Bonjour Félix,
J'habite à Malaga, en Espagne. Je m'appelle Clara.
Pour mon petit-déjeuner, je trempe des churros dans du chocolat chaud.
Miam, c'est bon ! J'adore !
Gros Bisous

Coucou Félix,
J'habite en Thaïlande. Je m'appelle Agun.
Le matin au petit-déjeuner, je mange du riz, de la viande, du poisson et des légumes.
Parfois, je mange aussi de la soupe.
À bientôt en Thaïlande !

1 Les photos sont dans le désordre ! Lis les messages et trouve :
– Qui a envoyé chaque photo ? – Dans quel pays il/elle habite ?

2 Et toi, qu'est-ce que tu prends au petit-déjeuner ? Envoie un petit texte (avec une photo) pour le blog de Félix !

La vidéo de Félix

1 Nomme les ingrédients de la recette de la pâte à crêpes.

> UNE litre en la poudre
> un de PINCÉE de farine
> du de du lait œufs SEL
> sucre 6 DE beurre

2 Regarde la vidéo de Félix. Mets les étapes de la recette dans l'ordre.

a. b. c.

d. e. f.

g. h.

3 Maintenant, tu connais la recette. Alors, comme Elliot et Alice, prépare des crêpes avec tes camarades et ton professeur !

LEÇON 1 — UNE CARTE POSTALE DE LA RÉUNION !

1 Écoute Lila et lis. Qui écrit ? À qui ? Pourquoi ?

Chère petite Lila,

Est-ce que tu veux venir avec tes amis sur l'île de la Réunion ? Nous vous invitons pour les vacances, en août.

Ici, c'est l'hiver, mais il ne fait pas froid et il ne pleut pas. Vous allez bien vous amuser !

Nous vous attendons…

Gros bisous,

Mamie et Papi

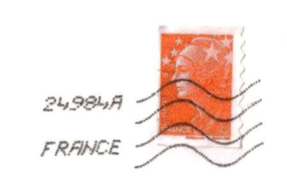

Lila
8 rue des oiseaux
25290 Ornans

2 Écoute et montre sur la carte postale.

UNITÉ 6 ~ Bonnes vacances !

3 Qu'est-ce qu'ils vont faire pendant les vacances ?
Écoute, montre et dis.

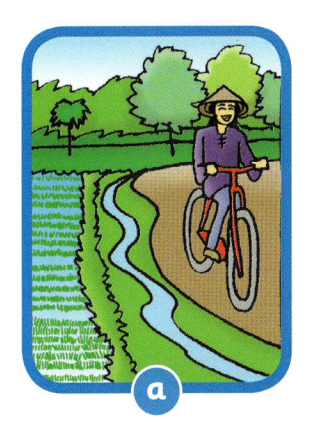

4 Chante avec Tilou !

On part en vacances
Youpi ! Quelle chance,
On va s'amuser
Toute la journée !

On va faire de la voile,
Le nez dans les étoiles,
Chercher des coquillages,
Et courir sur la plage !

On va faire des balades,
Plonger dans les cascades,
Grimper sur les volcans,
Chasser le requin blanc !

61

LEÇON 2 — DOUZE MOIS… QUATRE SAISONS !

1 🎧 30 Lis, écoute et associe chaque petit texte à un dessin.

a En automne, il fait frais, il pleut souvent et il y a parfois du vent. Les jours sont assez courts. En octobre, il fait nuit à 18 heures.

Les feuilles des arbres sont rouges, oranges ou jaunes : elles vont bientôt tomber !

b En été, il fait beau. Parfois, quand il fait très chaud, il y a des orages. Les jours sont très longs : le 21 juin, il fait nuit à 22 heures !
Sur les marchés, il y a beaucoup de fruits : des fraises, des pêches, des melons…
Les enfants ont des grandes vacances en juillet et en août !

c En hiver, il fait froid et parfois il neige. Il n'y a pas de feuilles sur les arbres.
Les jours sont très courts : en décembre, il fait nuit à 17 heures. Les enfants attendent le Père Noël… À la montagne, c'est la saison du ski et des bonshommes de neige.

d Au printemps, il fait doux. La nature se réveille. Il y a des petites feuilles vertes et des fleurs sur les arbres.
Les jours grandissent : en avril, il fait nuit à 21 heures.
Dans les jardins, c'est la saison des carottes, des salades et… des œufs en chocolat !

2 Et chez toi, il y a combien de saisons ?
Quelle est ta saison préférée ? Pourquoi ?

62

UNITÉ **6** Bonnes vacances !

3 🎧 31 Remets les mois de l'année dans l'ordre, puis écoute pour vérifier.

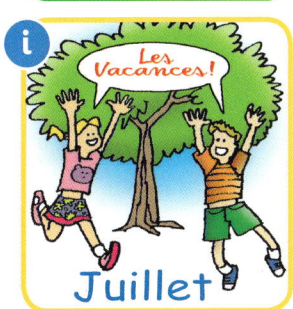

a. Janvier
b. Juin
c. Novembre
d. Avril
e. Mai
f. Décembre
g. Août
h. Octobre
i. Juillet
j. Mars
k. Septembre
l. Février

4 🎧 32 Trouve 10 mots où tu entends [j] comme dans ☀. Écoute pour vérifier.

La boîte à sons de Pic Pic le hérisson

LEÇON 3
OÙ EST-CE QU'ON PREND L'AVION ?

1 🎧 🔍 Écoute et montre la bonne image.

64

UNITÉ **6** Bonnes vacances !

2 Le jeu des Est-ce que ! Écoute, observe et continue.

- Tu préfères la mer ou la montagne ?
- Tu t'appelles **comment** ?
- Tu habites **où** ?
- Tu te lèves **à quelle heure** ?
- Tu as des frères et sœurs ?
- Tu vas à l'école **comment** ?
- Tu vas au musée **avec qui** ?
- Tu pars en vacances **quand** ?

- Est-ce que tu préfères la mer ou la montagne ?
- **Comment** est-ce que tu t'appelles ?
- **Où** est-ce que tu habites ?
- **À quelle heure** est-ce que tu te lèves ?
- .... ?
- **Comment** .... ?
- **Avec qui** .... ?
- .... ?

La boîte à outils de Pirouette la chouette

3 Chante avec Tilou !

Les douze mois de l'année
Sont très disciplinés,
Ils marchent l'un derrière l'autre
Sans jamais se bousculer.

Voici janvier, février, mars et avril,
Puis viennent mai, juin, juillet, août et septembre,
Et enfin octobre, novembre et décembre.

Les douze mois de l'année
Sont très organisés,
Ils marchent en rangs serrés
Sans jamais s'arrêter.

BD

1 🎧 36 Lis et écoute. **2** 🎧 37 Donne le bon numéro.

1.
— Je suis fatiguée !
— Quand est-ce qu'on arrive ?

2.
— Ouah ! C'est chouette !
— C'est ici ! Regardez, on voit la rivière !

3.
— Est-ce qu'on peut aller dans l'eau ?
— Oui, bien sûr ! Moi, je vais lire sur la plage !

4.
— Lila, tu viens ? … Qu'est-ce que tu fais ?

5.
— J'arrive ! Je gonfle ma bouée !

6.
— On va derrière la cascade ?
— J'ai un peu peur… Il y a peut-être des…

7.
— Au secours ! Un croco… un croco…
— Un crocodile ! Où est-ce qu'il y a un crocodile ?

8.
— Là… Derrière toi !!
— Mais Pic Pic, c'est la bouée de Lila !!

66

Projet

DOMINOS QUESTIONS !

1. FABRIQUE UN JEU DE DOMINOS AVEC TES CAMARADES.

a. Écris une question sur chaque domino, à droite.

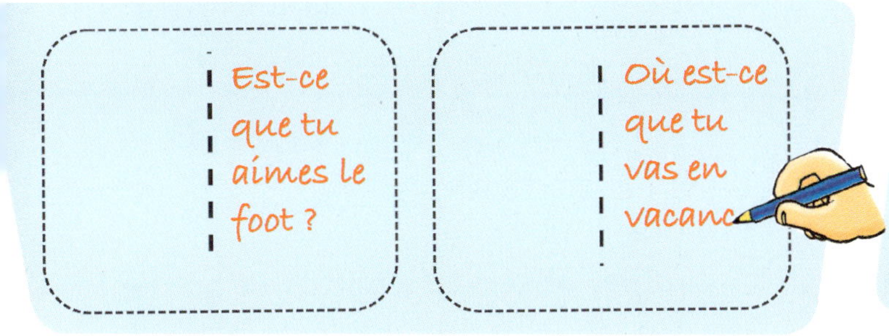

b. Écris une réponse sur chaque domino, à gauche.

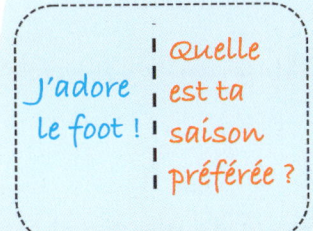

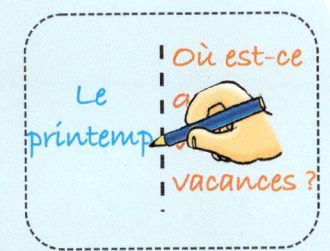

| Est-ce que tu aimes le foot ? | Où est-ce que tu vas en vacances ? |

| J'adore le foot ! | Quelle est ta saison préférée ? | Le printemps | Où est-ce que tu vas en vacances ? |

c. Dessine.

| À la montagne ! | Qu'est-ce que tu prends au petit-déjeuner ? |

d. Colle tes dominos sur une feuille en carton et découpe-les.

2. JOUE AVEC TES CAMARADES !

Où est-ce que tu vas en vacances ?

À la montagne !

67

Je découvre avec Félix

1 🔍 **Lis et montre sur le globe.**

Voici la **Terre**... en miniature !

Sur le globe, tu vois les **océans** et les **continents**.

Tu vois aussi les deux **pôles** : le **pôle Nord** et le **pôle Sud**.

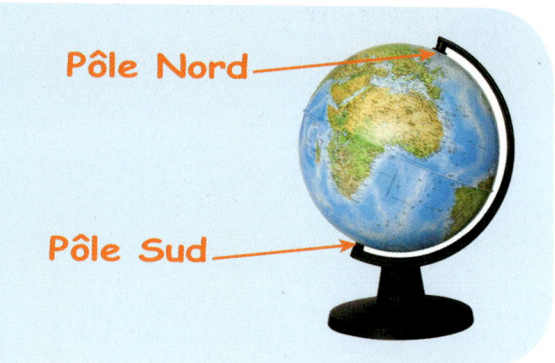

Pôle Nord

Pôle Sud

2 🔍 **Champions de géographie ! Avec ton équipe, observe, réponds et gagne !**

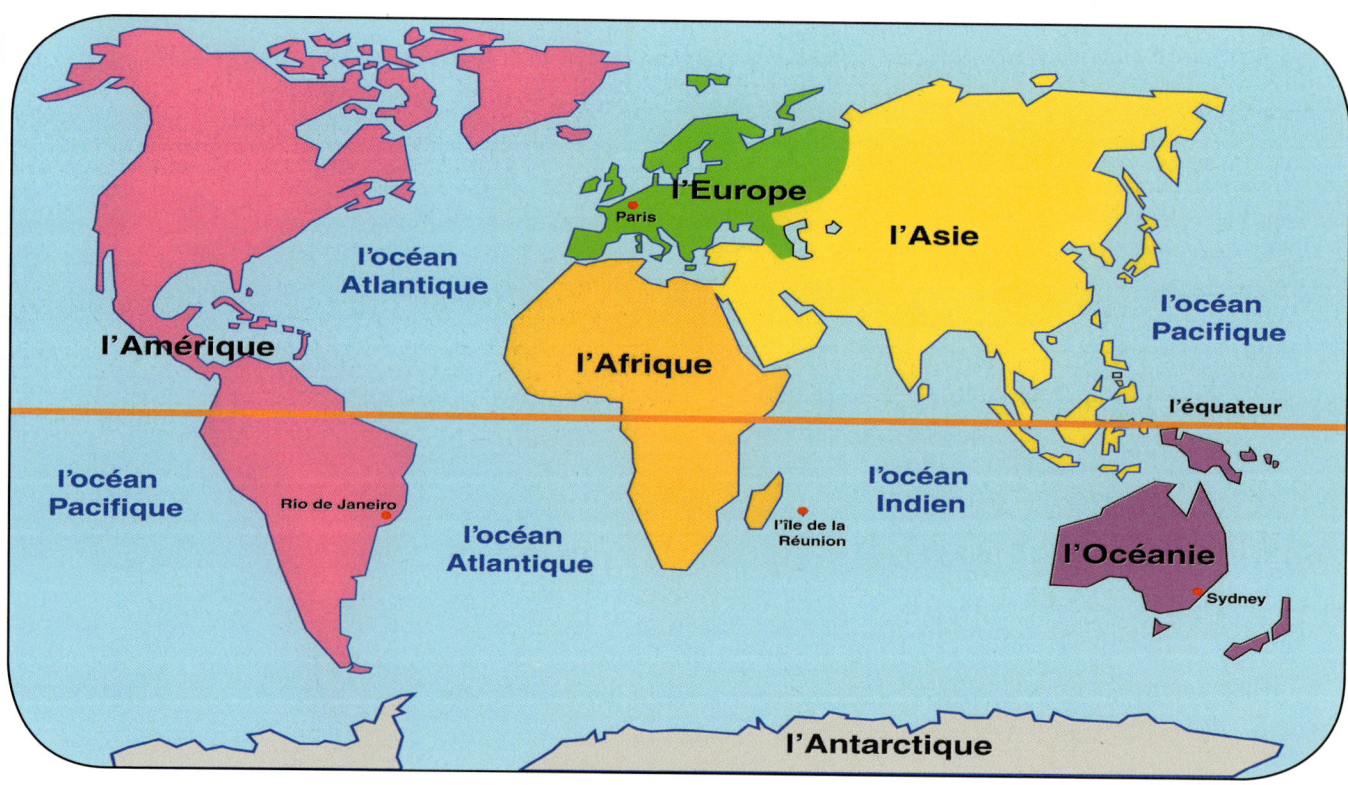

l'Amérique — l'océan Atlantique — l'Europe (Paris) — l'Asie — l'océan Pacifique — l'Afrique — l'océan Indien — l'île de la Réunion — l'Océanie (Sydney) — l'équateur — l'océan Pacifique — Rio de Janeiro — l'océan Atlantique — l'Antarctique

Vrai ou Faux ?

a. Il y a cinq continents.
b. L'Océan Pacifique sépare l'Afrique et l'Amérique.
c. L'équateur sépare la terre en deux parties : l'hémisphère Nord et l'hémisphère Sud.
d. Paris est dans l'hémisphère Sud.
e. Quand c'est l'été à Paris, c'est l'hiver à Sydney.
f. À Rio de Janeiro, on fête Noël en hiver.

La vidéo de Félix

1 Regarde la vidéo de Félix.

2 Qu'est-ce que la famille va faire en vacances ?

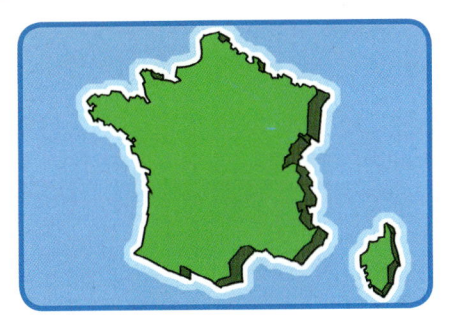

3 Comment s'appelle l'île où la famille va aller en vacances ?

a. L'Île de France
b. La Corse
c. Ibiza
d. Belle-Île-en-Mer

JE PORTE BONHEUR !

1 Comment s'appelle cette fleur ?
Pourquoi est-ce qu'on l'offre le 1er mai ?

2 À ton avis, qu'est-ce qui porte bonheur en France ?
Dis, puis écoute pour vérifier.

a
b
c
d
e
f

3 Et dans ton pays, qu'est-ce qui porte bonheur ?

4 As-tu un objet porte-bonheur ?

C'EST LA FÊTE DES MAMANS ... ET DES PAPAS !

Jours de fête pour les enfants...

1 Fabrique une jolie carte pour ta maman ou ton papa !

Matériel :
- une petite carte
- des petits cartons de couleur
- des stylos feutres
- ta photo
- un tube de colle

Fabrication :
1. Écris les lettres de ton message sur des petits cartons de couleur.
2. Colle les petits cartons sur la carte pour former ton message.
3. Fais un joli dessin.
4. Colle ta photo dans le cercle.

Bonne fête maman chérie

2 Chante avec Tilou !

Je t'offre cette fleur
De toutes les couleurs,
Elle est pour toi maman
Pour toi que j'aime tant !

Le rose, le bleu, le vert,
Si tu es en colère,
Le noir, le gris, le blanc,
Je ne serai plus méchant.

Le rouge et puis l'orange,
Oui aussi doux qu'un ange,
Le jaune comme le soleil,
Pour que tu sois la plus belle.

VIVE LA MUSIQUE !

Le 21 juin, c'est le début de l'été et c'est aussi la fête de la musique. Des musiciens et des chanteurs font de la musique dans les rues, dans les parcs et dans les salles de concert. C'est très joyeux ! On peut entendre tous les genres de musique : du rock, du jazz, du rap, de la salsa, de la musique classique, des chansons...

1 Écoute les différentes musiques et montre la bonne photo.

72

Jours de fête pour les enfants...

2 Bingo des instruments de musique ! Joue avec tes camarades.

3 Et toi, tu joues du piano ? ... de la guitare ? ... de l'harmonica ?

4 Chante avec Tilou !

Savez-vous planter les choux
À la mode, à la mode,
Savez-vous planter les choux
À la mode de chez nous ?

On les plante avec le doigt
À la mode, à la mode,
On les plante avec le doigt
À la mode de chez nous

On les plante avec le pied...
On les plante avec le genou...
On les plante avec le coude...
On les plante avec le nez...
On les plante avec la tête...
Bap dou di bap da da tchou chou bip bap...

OH ! DES FEUX D'ARTIFICE !

1 🔍 🗨️ Lis et dis. Qu'est-ce que tu vois sur les images ?

Le 14 juillet, c'est la fête nationale en France : on fête la révolution Française (1789) et la prise de la Bastille. La nuit, il y a des feux d'artifice et les gens dansent dans les rues.

2 🔍 🗨️ Avec ton voisin ou ta voisine, observe et trouve les 7 différences.

74

VIVE LES GRANDES VACANCES !

Jours de fête pour les enfants...

1 Lis et trouve sur les photos Louise, Nada, Rose, Victor, Jules et Nina.

1 **Louise** passe ses vacances au bord de la mer, dans le sud de la France. Elle joue toute la journée sur la plage avec ses cousines et ses cousins.

2 En juillet, **Rose** part en colonie de vacances à la montagne. Elle fait de l'escalade tous les matins (avec son casque jaune sur la tête !).

3 En France, un enfant sur trois ne part pas en vacances. En été, **Nada** reste à la maison. Elle joue avec ses copains dans son quartier.

4 **Victor** part en vacances à la montagne avec ses parents et sa sœur. Toute la famille adore le camping !

5 **Jules et Nina** passent leurs vacances à la campagne, chez leurs grands-parents. Ils font des grandes promenades dans la nature.

a

b

c

d

e

2 Et dans ton pays, que font les enfants pendant les vacances ? Est-ce qu'ils partent tous en vacances ?

75

CARTE DE L'EUROPE

ISLANDE

NORVÈGE — Oslo
SUÈDE
DANEMARK

ROYAUME-UNI
IRLANDE
Londres

PAYS-BAS — Amsterdam
BELGIQUE — Bruxelles
LUXEMBOURG
ALLEMAGNE — Berlin
RÉPUBLIQUE TCHÈQUE

FRANCE
Paris
Dijon
Lyon
Bordeaux
Chamonix
Nice

SUISSE — Genève
AUTRICHE
SLOVÉNIE
CROATIE

PORTUGAL — Lisbonne
ESPAGNE — Madrid

ITALIE
Pise
Bastia
Rome

MAROC — Casablanca
ALGÉRIE
TUNISIE

FINLANDE
ESTONIE
LETTONIE
LITUANIE
BIÉLORUSSIE
RUSSIE
Moscou
UKRAINE
MOLDAVIE
ROUMANIE
Bucarest
SERBIE
BULGARIE
ALBANIE
GRÈCE
Athènes
TURQUIE

Nord
Ouest
Est
Sud

Unité	Communication	Lexique
UNITÉ 0 **EN ROUTE, LES AMIS !**	**Parler de soi** : J'ai 8 ans, je fais du judo… **Interviewer un camarade** : Tu as des frères et sœurs ? Tu aimes jouer à quoi ? **Dire comment on va à l'école** : Je vais à l'école en bus, à pied… **Dire ce qu'on met dans sa valise pour partir en voyage** : Je mets mes rollers, mais je ne mets pas mon cartable…	**Réactivation** du lexique de Zigzag 1. Moyens de transport.
UNITÉ 1 **ON VA À BRUXELLES !**	**Situer un pays ou une ville** : Madrid, c'est en Espagne ! **Parler des activités de la semaine à venir** : Lundi, je joue au foot… **Décrire quelqu'un** : Elle a les yeux bleus, les cheveux blonds… **Décrire des objets** : Une grande valise verte….	Pays et capitales d'Europe. Jours de la semaine. Parties du visage. Adjectifs pour caractériser.
UNITÉ 2 **QUELQUES JOURS CHEZ RITA**	**Identifier les pièces de la maison** : Voilà la salle de bains…. **Localiser** : Pic Pic est dans la cuisine… En haut de l'escalier…. **Compter jusqu'à 60.** **Souhaiter quelque chose à quelqu'un** : Joyeux anniversaire Rita ! **Comprendre et raconter une histoire** : Dans Paris, il y a une rue…	Pièces de la maison. Objets de la maison. Localisation dans l'espace Nombres jusqu'à 60.
UNITÉ 3 **UNE JOURNÉE AU BORD DE LA MER !**	**Parler de ses activités quotidiennes** : Je me réveille, je prends une douche…. **Demander et dire l'heure** : Quelle heure est-il ? Il est 7 heures et quart ! **Situer dans le temps** : Elle se lève à 7 heures… **Parler du temps qu'il fait** : Il y a du soleil, il y a du vent… **Exprimer une sensation** : J'ai froid… **Donner un conseil** : Si tu as froid, mets un pull !	Activités quotidiennes. L'heure. Jeux de plage. Météo. Perceptions / sensations.

LES JEUX DU CLUB ZIGZAG

Unité	Communication	Lexique
UNITÉ 4 **TOUS EN VILLE !**	**Situer / S'orienter** : à droite de… À côté de… Au coin de la rue…. **Demander / indiquer un chemin** : Pardon monsieur, le musée s'il vous plaît ? Vous tournez à gauche… **Caractériser des comportements** : Qu'est-ce qui est dangereux ? **Compter jusqu'à 100.** **Dire où on habite** : J'habite 73 rue des Roses.	Ville / Bâtiments. Itinéraires / Parcours en ville. Piétons et circulation. Nombres jusqu'à 100.
UNITÉ 5 **BON APPÉTIT !**	**Dire ce qu'on prend au petit déjeuner** : Je prends du chocolat chaud et des tartines. **Identifier les ingrédients d'une recette** : de la farine, du sucre… **Identifier et nommer les étapes d'une recette** : Tu vas ajouter un verre de sucre… **Dire où l'on fait ses courses** : À la boulangerie, au supermarché… **Communiquer dans un magasin** : Je voudrais une baguette s'il vous plaît ! Ça fait combien ?	Petit-déjeuner. Recette du gâteau au yaourt. Magasins. Prix.
UNITÉ 6 **BONNES VACANCES !**	**Comprendre une invitation.** **Décrire un paysage** : Il y a des rivières et des volcans. **Parler de ses projets de vacances** : On va aller à la montagne… On va faire des balades. **Identifier les saisons / les caractériser** : En hiver, il fait froid et parfois il neige. **Identifier les mois de l'année / les caractériser** : En décembre, il fait nuit à 17 heures. **Planifier un voyage** : Est-ce qu'on prend l'avion ou le bateau ? À quelle heure est-ce que l'avion décolle ?	Paysages. Saisons / Climat. Mois de l'année. Activités de vacances. Voyage en avion.
JOURS DE FÊTE POUR LES ENFANTS	**Identifier ce qui porte bonheur** : Le 1er mai, le muguet porte bonheur. **Souhaiter quelque chose à quelqu'un** : Bonne fête maman / papa ! **Identifier différentes musiques** : C'est du rock ! **Identifier des instruments de musique** : C'est un violon ! **Dire de quel instrument on joue** : Je joue de la guitare. **Décrire des images** : Il y a des feux d'artifice… **Identifier différents types de vacances** : Il fait du camping avec ses parents.	Porte-bonheur. Musique et instruments. Festivités du 14 juillet. Activités / lieux de vacances

Phonétique	Observation de la langue	Découvertes culturelles	Projet
		Les moyens de transport pour aller à l'école.	
entifier le phonème comme dans yeux.	Accorder les adjectifs qualificatifs.	Villes et pays d'Europe. La Belgique : un pays où on parle français.	**Monstres, sorcières et fées !** Créer un personnage. Remplir sa fiche d'identité. Le présenter à la classe sous forme de devinette.
entifier phonème [ɛ̃] mme dans lapin.	Utiliser ce / cette / cet / ces.	La maison. Une fête d'anniversaire. Découvrir un conte : Dans Paris (d'après Paul Éluard). **Je découvre avec Félix :** Un petit voyage en Europe. Des maisons différentes. **Le blog de Félix :** Découvrir Bruxelles. Présenter la ville où on habite.	**Une histoire « Zoom » !** En petit groupe : – Écrire un petit conte en dix étapes. – L'illustrer, le présenter et le « conter » à la classe.
entifier le phonème comme dans mer.	Utiliser des verbes pronominaux du 1er groupe au présent.	Rituels de début de journée : activités quotidiennes. Loisirs de bord de mer.	**Créer une BD : Ma journée avec mon héros préféré !** Compléter la fiche « scénario ». Dessiner les vignettés de la BD. Faire parler les personnages dans des bulles. Présenter sa BD à la classe.
entifier le honème [s] comme ans sorcière ; entifier le honème [z] comme ans Zorro.	Utiliser Tu ou Vous.	La ville. La sécurité en ville pour les enfants. Noms et numéros de rues. **Je découvre avec Félix :** Panneaux du code de la route. Bruits de la ville. **Le blog de Félix :** Des villes francophones au bord de l'eau.	**Voici ma rue !** – Fabriquer son poster. – Dessiner sa rue ou son quartier. – Écrire un petit texte pour présenter les habitants de son quartier. – Présenter son quartier à la classe.
entifier le honème [ʃ] comme ans chocolat ; entifier le honème [ʒ] comme ans orange.	Utiliser le futur proche pour dire ce que l'on va faire.	Le petit déjeuner, en France et ailleurs. Une recette pour les enfants : le gâteau au yaourt ! Les magasins et les courses. L'euro.	**On fait les courses !** En petit groupe : – Créer son stand : fabriquer son enseigne et ses marchandises, afficher les prix. – « Fabriquer » des euros. En grand groupe : Jouer : acheter et vendre !
entifier le honème [j] comme ans soleil.	Poser des questions avec « Est-ce que … ? ».	L'île de la Réunion : une île où on parle français. Les saisons en Europe / sur l'île de la Réunion. Les mois de l'année. Les vacances. **Je découvre avec Félix :** Champions de géographie ! **Le blog de Félix :** Photos de l'île de la Réunion. Présenter ses photos de vacances.	**Dominos-questions !** En petit groupe : Fabriquer un jeu de dominos « Questions / Réponses ». Jouer aux dominos !
		Le 1er mai et son muguet porte-bonheur. Les porte-bonheur en France et dans le monde. La fête de la musique. Le 14 juillet des enfants. Les vacances des enfants.	

CRÉDITS PHOTOGRAPHIQUES

p. 6 g : Ph. © Virginie Chevalier/ OREDIA - p. 6 m : Ph. Kzenon / Shutterstock – pp. 6 ht d, 15, 25, 35, 47, 57, 67, 71 : Ph. © Jean-Pierre DELAGARDE - p. 6 bas : g Heidi Velten / Vario Creative / PHOTONONSTOP - p. 8 : Ph. Harry Darrin / Shutterstock - p. 10 ht g : Ph. Juice Images / Fotolia - p. 10 ht m : Ph. © Schöne, T / PLAINPICTURE - p. 10 ht d : Ph. Yuri Arcurs / Fotolia - p. 10 bas g : Ph. © Jackmicro / Fotolia - p. 10 bas d : Ph. Dmitry Suzdalev / Fotolia - p. 16 ht d : Ph.© SG / COLORISE - p. 16 m g : Ph. Christopher Walker / Shutterstock - p. 16 bas g : *Tintin au Tibet* © Hergé / Moulinsart 2011 - p. 16 bas : Ph. Studio GI / Fotolia - p. 16 m bas : Ph. Nimbus / Fotolia - p. 16 m d Ph.© Tomas Adel / Mauritius / PHOTONONSTOP - p. 26 ht g Ph. Andrei Nekrassov / Shutterstock - p. 26 m hg : BIS / Ph. Luciano Mortula - p. 26 m hd : BIS / Ph. Alexey Seleznev - p. 24 ht d : Ph. © Hervé Champollion / AKG - p. 26 m g : Ph. Fabien R.C. / Fotolia - p. 26 m m : Ph. © Arnaud Joron / Fotolia - p. 26 m d : Ph.© Pierre Jacques / HEMI - p. 26 bas g : Ph. Jose Manuel Gelpi / Fotolia - p. 26 m bas : Ph.© Tom Chance / PLAINPICTURE - p. 26 bas d : Ph.Jackmicro / Fotolia - p. 36 ht : Ph. © Ingolf Pompe / HEMIS - p. 36 m : Ph. © Louis-Marie Preau / HEMIS - p. 36 bas : Ph. © Yvon / LE MANOUR / COLORISE - p. 37 bas g : Ph. kaktus2536 / Adobe stock – p. 37 bas d : Ph. vitaly tiagunov / adobe stock – p. 38 ht d : Ph. valiza14 / Adobe stock ; Ph. micromonkey / Adobe stock ; Ph. makieni / Adobe stock ; Ph. grigorylugovoy / adobe stock ; Ph. Konstantin Yuganov / Adobe stock - p. 38 ht m : Ph. Artsem Martysiuk / Adobe stock ; Ph. wavebreak3 / Adobe stock ; Ph. dvrcan / Adobe stock ; Ph. Bettyphoto / Adobe stock ; Ph. Boris Ryaposov / Adobe stock – p. 38 ht bas : Ph. ucchie79 / Adobe stock ; Ph. Daniel Mock / Adobe stock ; Ph. chihana / Adobe stock ; Ph. siro46 / Adobe stock ; Ph. Africa Studio / Adobe stock - p. 44 ht g : Ph. Mat Haywardp - p. 44 ht d, bas g : Ph. Monkey Business Images / Shutterstock - p. 44 bas : Ph. Cabania / Shutterstock - p. 48 ht g, mm et ht d : Ph. Choucasthoot / Fotolia - p. 48 ht m : Ph. Nathalie P / Fotolia - p. 48 ht d : Ph. Jackin / Fotolia - p. 48 m hd : Ph. Coll. ARCHIVES SEJER - p. 48 m hg : Ph. © J. Guillard / Scope / ONLY France - p. 48 bas m m : Ph. © Philippe Roy / EPICUREAN - p. 48 bas g : Ph. © Jacques Loïc / PHOTONONSTOP - p. 48 m bas : Ph. © De Oliveira / Expansion / REA - p. 48 bas d : Ph. © Fotosearch / AGE FOTOSTOCK – p. 49 m m g : Ph. Nicolas ROCHETTE / Adobe stock – p. 49 m d : Ph. Bruno Bernier / Adobe stock – p. 58 : bas g : Ph. zoneteen / Adobe stock – p. 58 bas m : Ph. asab974 / Adobe stock – p. 58 bas d : Ph. W.Scott McGill / Adobe stock - p. 60 m hg : Ph. Margouillat Photo / Fotolia - p. 60 ht g : Ph. Arid Ocean / Fotolia - p. 60 ht d : Ph. Prod. Numérique / Fotolia - p. 60 bas g : Ph. © Jean Du Boisberranger / HEMIS - p. 60 bas d : Ph. © John Frumm / HEMIS - p. 61 ht g : Ph. Arto / Fotolia - p. 61 ht d : Ph. MaxFX / Fotolia - p. 61 bas g : Ph. Goodluz / Fotolia - p. 61 bas d : Ph.© Johner / Plainpicture – p. 68 Ph. Gomaespumoso / Fotolia - p. 70 ht : Ph. Matka Wariatka / Fotolia - p. 72 ht : Ph. © ADCEP - Fête de la Musique - p. 72 ht g : Ph.© Cham / SIPA PRESS - p. 72 ht d : Ph. © Dragan Lekic / LIBREARBITRE - p. 72 m g : Ph.© Alix William / SIPA PRESS - p. 72 m d : Ph.© M. Castro / URBA IMAGES SERVER - p. 72 bas g : Ph.© Vincent Pontet / WIKISPECTACLE - p. 72 bas d : Ph.© Pacome Poirier / SIPA PRESS - p. 74 g : Ph.© Tom Craig / REA - p. 74 d : BIS / Ph. Coll. Archives Larbor - p. 75 ht g : Ph. © Bertrand Bodin / ONLY France - p. 75 ht m : Ph. © Frederic Achdou / URBA IMAGES SERVER - p. 75 ht d : Ph. © Alexandre Jacques / OREDIA - p. 75 bas g : Ph. CATHERINE Yeulet / iStockphoto - p. 75 bas d : Ph. © Mitch Diamond / TIPS / PHOTONONSTOP

Les Droits de Reproduction des illustrations sont réservés en notre comptabilité pour les auteurs ou ayant droits dont nous n'avons pas trouvé les coordonnées malgré nos recherches et dans les cas éventuels où les mentions n'auraient pas été spécifiées.

N° d'éditeur : 10282848 - Imprimé en Italie par Grafica Veneta S.p.A. en mai 2022